L'APPEL
AU PETIT NOMBRE,
OU
LE PROCÉS DE LA MULTITUDE.

Ajax ayant été mal jugé, entra en fureur, & prit un fouet pour châtier ses juges.

Passage tiré d'un auteur Phénicien, cité par Bochard.

L'APPEL
AU PETIT NOMBRE,
OU
LE PROCÉS DE LA MULTITUDE.

J'ai lu quelque part qu'il n'est pas toujours prudent de se tenir sur la défensive ; & que le moyen le plus sûr de regagner son terrein, c'est d'attaquer celui des autres. Voilà une méthode un peu Carthaginoise, une ruse vraiment Punique : aussi l'a-t on vue réussir dans tous les pays, comme dans tous les âges. Qu'on ne s'étonne donc pas si je m'en sers au besoin. En effet, à quoi serois-je réduit si je me bornois à l'apologie d'un ouvrage disgracié ? si mon unique ambition étoit de prouver qu'on a pu se méprendre ? si je me contentois de disputer sur quelques mots, ou sur quelque scène ? en un mot, si je n'avois pour but que de recueillir les débris d'un naufrage ? Malheur à qui n'a que cette ressource pour échapper à l'oubli ! Je ne sçais point capituler pour un succès. C'étoit apparemment le sort d'Ajax de perdre son procès chez les François comme chez les Grecs. Que la cabale remporte donc ce triomphe ; mais qu'elle n'en prétende point d'autre.

Ceux qui m'ont refufé leurs fuffrages n'auront pas du moins l'avantage de me plaindre. S'ils s'en étoient flattés, qu'ils me lifent, & qu'ils fe défabufent.

J'ai eu des Scythes pour juges, & je me garderai bien d'en appeller à ces mêmes Scythes. Ils ont jetté au vent les cendres d'Homere, & brifé les fimulacres des anciens. Ma poëfie, qu'ils n'entendent pas, les a indifpofés par fa conformité avec l'Iliade & l'Odyffée qu'ils n'entendent pas davantage. Ils affurent que ces deux poëmes les ennuient : c'étoit affurément me faire beaucoup trop d'honneur que de m'affocier à la difgrace de deux chef-d'œuvres inimitables. Je puis dire avec mon héros :

Loin d'être humilié par d'injuftes mépris,
Je remonte à leur fource ; & je m'en applaudis.

Ce coup d'œil louche & de prévention qu'on porte depuis long temps fur tous les objets des arts ; cette précipitation de jugement trop familière à notre nation ; ce dégoût de l'antique, fi général & fi peu juftifié ; ces fuccès de tout genre, fi monftrueux & fi peu croyables ; cet ennui du fimple, ou plutôt cette ignorance * des moindres beautés poétiques ; voilà, j'ofe le dire, les vraies caufes de l'infortune d'Ajax.

---

* On peut regarder l'écrit qui a pour titre, *le chef d'œuvre d'un inconnu*, comme la principale époque de la décadence des lettres. Cette brochure ingénieufe a tout gâté ; elle a livré le fçavoir aux mépris de la plus vile ignorance. Quelques commentateurs étoient devenus ridicules ; l'érudition ne tarda guère à le devenir.

Mais ce mépris de notre siècle pour tout ce qui porte l'empreinte des anciens, sur quoi peut-il être fondé? J'avoue qu'il m'a révolté dès ma plus tendre enfance, sans avoir jamais pu me guérir du sentiment contraire, sur qui l'on voudroit bien pouvoir jetter quelque ridicule. Ce qui me console, c'est que j'ai pour moi l'exemple des étrangers. Vous remarquerez même que Racine, Moliere & Boileau, ces élèves de l'antiquité, sont encore plus révérés chez eux que dans leur propre patrie. Oui, c'est une vérité dont il faut convenir ; il s'en faut de beaucoup que nos voisins se soient policés au point de penser avec nous qu'Homere, Aristophane, Virgile, Horace & tous les anciens fussent des imbécilles : grace au sens commun de tous les peuples, cette étrange assertion n'a encore été soutenue qu'en France. Mais quelle raison apportent nos beaux esprits d'un pareil jugement? Comment le justifier au tribunal des autres nations & des autres âges? De quel œil l'équitable postérité regardera-t-elle un semblable délire? O siècle d'absurdité & d'ignorance, daigneras-tu connoître ce que tu oses mépriser?

Une seule question peut tout éclaircir. Détracteurs injurieux, repondez : Qu'est-ce que le goût? *Le sentiment du beau.* Mais où le trouver? Quel est le goût, quel est le beau véritable? Est-ce chez les anciens ou parmi les modernes que se rencontre ce double phénomène? Est-ce chez eux ou parmi nous qu'il faut chercher cette empreinte d'élégance & de justesse ; ce caractere dominant d'énergie, de grace & de simplicité qui doi-

A iij.

vent être les attributs distinctifs de la belle nature ?

La nature des anciens étoit belle par elle-même. Ils la voyoient sans rides & sans défauts ; ils la peignoient sans fard & sans voile. Empressés à la saisir, ils s'attachoient aux grands traits. N'est-elle donc plus la même pour nous ? Le temps, qui détruit tout, auroit-il altéré sa fraîcheur ? Tout ce que j'ose assurer, c'est qu'elle a perdu le droit de plaire sans le secours de l'art. Elle n'oseroit aujourd'hui se montrer sans ornemens. Il n'est plus permis de peindre la nature au hasard : on n'admet plus que la nature choisie.

Les anciens voyoient tout en beau. La scène étoit neuve pour eux. Ils traitoient les matieres les plus communes avec l'intérêt de la premiere impression. La lumière, le son, les élémens, les détails les plus minces * les frappoient en grand. Ouvrons Pindare, & voyons comment ce Poëte célèbre ** se pénétroit d'enthousiasme à l'aspect

---

* Témoin cette phrase d'Elien : *Les habitans de Cos racontent que dans les pâturages de leur tyran Nicippe, une brebis enfanta ; qu'elle enfanta, dis-je, non un agneau, mais un lion.* Quel pinceau ! La beauté de ce passage n'a pas besoin de commentaire.

** Il n'y a qu'un homme en France capable de remplacer Pindare : lisez pour vous en convaincre l'*Ode aux François* de M. Le Brun. Je renvoie ceux qui n'admireroient pas cette ode, à la réponse de Nicostrate ; c'étoit un grand artiste, un excellent connoisseur. On dit qu'un jour le hasard lui fit rencontrer un tableau de Zeuxis représentant Hélène. A la vue de ce chef-d'œuvre, il resta immobile, & comme privé de tous ses sens. Un ignorant qui l'apperçut dans cette posture se mit à dire :

des plus simples objets. Le commencement de sa premiere Ode, que j'essairai de traduire, peut en donner une idée.

Sur les élémens rivaux,
L'eau remporta la victoire;
Tel qu'un feu dans la nuit, l'or entre les métaux,
Brille à nos yeux éblouïs de sa gloire;
Soleil, si mes regards te suivent dans les cieux,
Je n'y chercherai point d'astre plus radieux:
Et parmi les combats qui des faits héroïques
Eclipseront la foule, & franchiront les tems;
Les Combats Olympiques
Sont les seuls, ô mon Luth! dignes de tes accents.

Il est aisé de voir que tout le sublime renfermé dans ces vers est personnel aux anciens. Dérangez l'édifice de cette strophe; ôtezlui cette forme superbe, cet ordre multiplié de comparaisons graves qui se succédent sans se nuire; réduisez ces idées si grandes & si majestueues dans Pindare aux tours & aux expressions de la poësie moderne, vous chercherez en vain le tableau qui vous a frappés. La magie sera détruite: une cabane rustique succédera au palais d'Armide.

On peut juger, à l'inspection d'un tableau, ou d'un chef-d'œuvre de sculpture, en quel

---

Qu'a donc Nicostrate, & d'où lui vient cette stupéfaction? Mais celui-ci se contenta de lui répondre; Il paroit, mon ami, que nous n'avons pas les mêmes yeux.

Personne n'ignore que M. Le Brun est ce même homme de lettres qui a eu la gloire d'intéresser notre Sophocle aux malheurs du sang d'Eschyle; que c'est lui, dis je, qui a rendu M. De Voltaire le bienfaiteur de mademoiselle Corneille.

siècle il fut composé. On peut décider, par le caractère d'un écrit, par l'impression qu'il laisse dans l'ame, à quel auteur il appartient, à quelle époque il doit être assigné. Le caractère qui distingue un ouvrage en est donc la partie essentielle, puisque c'est de l'impression qu'il laisse que dépend le degré d'estime dont il est digne. Or, ce caractère, cette marque distinctive qui fait de chaque ouvrage autant d'individu, est sur-tout le partage de la littérature ancienne. On seroit en peine de citer un écrivain de ces temps reculés qui n'ait un caractère propre à lui seul, & qui ne soit devenu le modèle d'un genre. Ainsi le grand Homere, le sage Hésiode, le simple Théocrite, le grave Stésicore, la tendre Sapho, l'héroïque Tyrthée, le délicat * Ana-

―――――――――――

* M. le maréchal de L*** me fit un jour l'honneur de m'écrire au sujet de ce poëte la lettre suivante qui, pour la gloire des arts, doit être conservée.

,, C'est recevoir ou faire un présent agréable,
,, monsieur, que de recevoir ou de présenter
,, vos ouvrages. Vous sçavez que tout compose le
,, public; & le suffrage de ceux que vous voulez
,, bien appeller protecteurs, n'est toujours qu'un
,, même suffrage. J'ai remis votre nouvelle tra-
,, duction à madame De P*** & les vers qui l'ac-
,, compagnoient : je suis chargé de vous en remer-
,, cier pour elle. Vous n'ignorez pas que c'est la
,, phrase éternelle pour quiconque présente des
,, vers, de lui dire qu'on les a trouvés très-jolis :
,, mais cette phrase est faite pour s'appliquer aux
,, vôtres avec quelque distinction plus vraie & plus
,, particulière, si pourtant le mot de joli est assez
,, dire ; car il y a long-temps qu'on a observé que les
,, Grecs n'étoient que beaux. Ce sont eux que vous
,, traduisez, mais en les rendant plus intéressants
,, & plus aimables : ce qu'il est bien permis d'ajouter

créon, sont encore des originaux qui, tous séparément, demandent une étude particulière. Chacun d'eux a son attribut fixe, & sa marque invariable. Pindare est un torrent rapide, & Virgile un fleuve majestueux. Bion nous offre un jardin, & Moschus une prairie. Horace est tour à tour toutes ces choses; & l'ingénieux Ovide s'en approche ou s'en écarte à son gré.

Il n'en est pas ainsi de la plupart de nos écrivains. Ils semblent presque tous composés des traits confondus de ces différens modèles, sans qu'on puisse reconnoître en eux aucune couleur primitive. Semblables à l'airain de Corinthe, ils tiennent des qualités de tous les métaux réunis; mais ils n'occupent point de place distincte entre ces métaux. Je le répète : il n'est point de rivalité à établir entre les anciens & les modernes. Les seconds ont tout reçu des premiers. Ces fils aînés de la nature ont dérobé les premières fleurs. Créateurs des premières idées, inventeurs des premières notions, possesseurs nés du premier modèle, ils sont encore nos seuls guides dans le sentier du beau : nul chemin n'y conduit qu'ils ne nous aient frayé.

―――――――――――――――――――――――

,, à la beauté même; puisque la grace est en effet
,, plus belle encore que la beauté. Au reste, on
,, me charge aussi beaucoup de vous engager à con-
,, tinuer & à tenir vos promesses; vos talens l'exi-
,, gent sans doute, très-indépendamment des sen-
,, timens que vous inspirez, & auxquels il ne peut
,, rien s'ajouter, que le plaisir même de vous les
,, répéter. Tels sont du moins ceux avec lesquels je
,, suis très-parfaitement, monsieur, votre très-hum-
,, ble & très-obéissant serviteur;

M***L***

De Paris le 3 Février 1759.

En un mot, ils nous ont devancés; ils ont fait voir les premiers à la terre le spectacle merveilleux du développement des arts *.

S'il est démontré que la nature est une, & que les anciens étoient beaucoup plus voisins que nous du vrai type, il s'ensuit qu'en nous écartant de leur route, nous nous sommes insensiblement éloignés de leur but & du nôtre. Toutes les fois donc qu'un esprit amoureux du vrai, voudra en retrouver la trace; je soutiens qu'il ne pourra remonter aux principes invariables du goût, qu'en se mettant sur la voie des anciens, qu'en empruntant leurs yeux, & qu'en contractant pour ainsi dire leur manière de voir & de sentir, al-

---

* Quelques personnes, obligées de convenir de la supériorité des anciens sur les modernes à l'égard de l'éloquence & de la poësie, ont affecté de leur disputer cette prééminence dans les autres arts. En attendant que la question soit bien éclaircie, voici ce que dit à ce sujet un homme qui ne peut être suspect, & qu'on n'oseroit accuser de ne point penser d'après lui-même. L'auteur de *la Venus physique*, après beaucoup de tentatives pour parvenir à l'établissement d'un système ingénieux sur la *génération*, monsieur de Maupertuis, dis-je, avoue qu'il faut de nécessité en revenir au sentiment d'Aristote; sur quoi il ajoute : ,, Lorsque nous imaginons que les ,, anciens ne sont demeurés dans telle ou telle ,, opinion, que parce qu'ils n'avoient point été ,, aussi loin que nous; nous devrions plutôt penser ,, que c'est parce qu'ils avoient été beaucoup plus ,, loin; & que des expériences que nous n'avons ,, pas encore faites, leur avoient démontré l'in- ,, suffisance des systêmes que nous croyons inventer.

Que diroit de plus un partisan outré des anciens ? C'est cependant un moderne, un philosophe, un physicien qui parle. Quel argument !

térée * & comme corrompue par les innovations des modernes. C'est par ce moyen seul qu'il peut prétendre de participer à ce coup-d'œil lumineux, à cette impression vive, à cette inspiration toute divine qui guidoit les premiers auteurs. Virgile, Horace, Ovide ne sont parvenus à l'immortalité que par cette voie : Malherbe, Rousseau, Racine & Moliere lui-même n'en ont point suivi d'autre. Les Addisson, les Pope & les Dryden en ont fait autant. J'ai adopté leur méthode, & je n'en changerai point quoiqu'on en puisse dire.

Après ce détail de mes sentimens, il est aisé de voir combien ma façon d'envisager les objets est opposée à celle de mon siècle; & combien il m'importe peu de déplaire à un public, dont je regarde le goût comme entièrement dépravé. Je vais plus loin ; & ce Public, s'il achève de me lire, pourra faire son profit de mes observations.

Nous devons à madame Dacier une pensée qui sera long-temps neuve, & que trop peu de personnes ont remarquée. Vous lirez chez elle, *qu'un ouvrage médiocre est plus généralement goûté qu'un ouvrage parfait*. Cette assertion n'a de paradoxe que la forme, & chaque jour nous en montre l'évidence. Combien de chefs-d'œuvre sublimes condamnés à l'oubli

---

* L'époque de la maturité du goût ne dure qu'un espace de temps fort limité. Après ce terme, il s'affoiblit & dégénère rapidement. Pollion, du temps d'Auguste, apperçut dans Tite-Live un défaut de *Patavinité*, qui n'étoit déjà plus sensible sous Domitien, & que Quintilien lui-même avoit peine à saisir.

durant plusieurs siècles, & souvent éclipsés par des bagatelles absurdes ! La conformité des idées du vulgaire avec tout ce qui porte l'empreinte du défectueux, assura de tout temps à la médiocrité les hommages qui n'étoient dus qu'au génie. Au contraire, ce qui paroît présenter le caractère de la perfection déroute les idées du peuple, choque ses préjugés, & bien souvent lui blesse la vue. Il lui faut beaucoup de temps pour accoutumer ses yeux à l'aspect du beau. De même qu'un homme qui a long-temps été dans les ténèbres, ne soutient pas sans douleur l'impression subite de la lumière : ce n'est que par degrés qu'il s'habitue au grand jour.

Delà cette indulgence aveugle pour une foule de productions bizares; & cette sévérité cruelle pour tout ce qui tient du sublime. Lorsque Démosthene parla pour la première fois en public, il fut hué généralement de tout le peuple d'Athenes, qui couroit alors en foule aux harangues des plus vils déclamateurs. Tandis que Mévius remplissoit Rome de ses vers, Virgile végétoit inconnu, & le seroit peut-être encore, si Pollion n'eût découvert ses talens, & ne l'eût mis en crédit à la cour d'Auguste. Plusieurs siècles avant cette époque, l'Œdipe, le Lycaon, les Bacchantes, & l'Athamas, de je ne sçais quel Xénoclès, remportèrent le prix sur l'Alexandre, le Palamède, les Troyennes, & le Sisiphe d'Euripide. Térence éprouva trois fois la même injustice, & Menandre quatre-vingt-douze fois. Le Paradis perdu de Milton fut longtemps le rebut de Londres; & la Jérusalem délivrée, celui de l'Italie entière. L'Avare, de Molière, fut sifflé ; son Misantrope échoua. Le Polieucte de Corneille, le Britannicus, la Phèdre, les Plaideurs, & l'Athalie de Racine* eurent le même sort : mais le Jodelet de Scarron, la Phèdre de Pradon, & l'Astrate de Quinaut, réussirent d'emblée. Tout cela, sans doute, mérite quelques réflexions; & je rends grace à ceux qui m'ont occasionné d'en faire de très-sérieuses sur le cas qu'il faut faire des jugemens du public. J'y trouve abondamment de quoi me consoler de la disgrace d'Ajax. Ma pièce n'a-t-elle pas eu toute la réussite qu'un homme sensé pouvoit attendre ? Que manque-t-il à son succès, puisque, approuvée de ce petit nombre de personnes dont le suffrage doit être à rechercher, elle a de plus mérité la censure de tous ceux dont les mépris sont un éloge?

Qu'on examine l'état des drames qui ont été donnés au théâtre François depuis sa fondation ; il se trouvera que les plus grands applaudissemens ont toujours échu aux pièces les plus monstrueuses ; & qu'au contraire, nos plus grands chefs-d'œuvre sont presque tous tombés le premier jour. A partir de ce calcul, il y auroit toujours une gageure de cent contre un à faire pour la chûte d'une bonne pièce, de même que pour le succès d'une mauvaise. Je me rappelle à ce propos, qu'en l'année 1757, un homme de goût voulut parier contre moi pour le suc-

---

* Qui retiendroit son indignation en songeant que Racine expira sur les regrets d'Athalie; c'est-à-dire dans le temps où cette œuvre sublime subissoit encore les mépris de la nation ? Ce n'est qu'après sa mort que sa mémoire fut vengée.

cès d'une tragédie qu'on venoit de nous lire. » Y pensez-vous ? (lui dis-je) cet ouvrage » est à peine digne des traiteaux. *Eh ! quoi ?* reprit-il, *comptez-vous donc ses défauts pour rien ?* Je tombai dans son sens ; & je ne pariai point. En effet, cette tragédie * resta inlisible ; mais d'ailleurs eut un succès énorme.

Il faut donc convenir que cette manière inverse de juger du mérite d'un ouvrage est beaucoup plus sûre qu'elle ne le paroît d'abord. Elle est appuyée sur cette maxime constante qu'une grande assemblée suppose

---

* Rien ne serviroit de déguiser qu'il est ici question d'*Iphigénie en Tauride*. Cette pièce n'a ni forme, ni style, ni conduite. Ses plus grands admirateurs conviennent que la lecture n'en est pas soutenable. Iphigénie dut sa réussite à un assemblage fastidieux de situations forcées & sans vraisemblance, à une diction Vandale, à une ampoule perpétuelle : en un mot, c'est du tragique en charge. Au surplus, l'auteur fut assez bien conseillé ; tout est bon pour le peuple : il n'y faut pas regarder de si près, lorsqu'on ne veut plaire qu'au commun des Spectateurs : le phénomène de son succès n'étonnera donc personne. Pareille aventure s'étoit passée à Rome il y a bien 2000 ans ; elle n'a fait que se renouveller en France précisément dans les mêmes circonstances & de la même maniere. On sçaura donc que Pacuvius fit une tragédie d'Iphigénie en Tauride. Il y avoit dans ce drame une Scène phrénétique entre Oreste & Pilade, qui transporta les Romains hors d'eux-mêmes. La piece, avec ce seul mérite, eut un succès inexprimable. D'ailleurs, nul dialogue, nul plan, nulle adresse, nul coup de maître : on faisoit à cet auteur Latin le même reproche qu'à M. De la Touche. Il avoit une maniere inculte & barbare, un style Etrusque & sauvage dans un temps où la langue étoit déjà pure.

nécessairement un grand nombre de sots. M. de Montesquieu va bien plus loin. Il étend cette sottise jusques sur les gens sensés, du moment qu'il font troupe. Voici ses expressions: *On diroit que les têtes des plus grands hommes s'étrécissent lorsqu'ils s'assemblent; & que là où il y plus de sages, il y ait aussi moins de sagesse.* C'est pourquoi il vouloit qu'on introduisît la méthode de procéder dans les jugemens par le moindre nombre de suffrages; méthode dont plusieurs personnages de l'antiquité avoient déjà reconnu l'importance. Horace nous prévient qu'*il écrit pour peu de lecteurs.* Il abhorroit la multitude; & craignoit jusqu'à ses suffrages, parce qu'elle approuve sans examen. Pour Virgile, satisfait de l'admiration d'Horace, de Varius, de Mécène & d'Auguste, il souffroit avec peine les applaudissemens du peuple, qui se levoit toujours pour lui faire honneur lorsqu'il paroissoit au théâtre. Il avoit pour les suffrages du vulgaire la même antipathie que les Mévius de nos jours ont pour le sifflet. Ce mépris des acclamations publiques prend sa source dans la passion de la véritable gloire. Il étoit assez commun parmi les Grecs. Ce sentiment généreux avoit même germé dans les écoles de leurs moindres artistes. En voici un exemple des plus frappans.

Hippomaque, qui avoit blanchi dans l'exercice du pugilat, produisit un jour un de ses élèves en public. Le jeune athlète fit ses preuves en présence d'une assemblée nombreuse devant qui son âge & ses talens trouvèrent grace. Ce n'étoit donc qu'éloges, & la salle des jeux retentissoit d'applaudisseriens. Mais au milieu de ce triomphe, le sévère Hippomaque s'approche de son disciple; & le touchant de sa baguette: *Jeune homme*, lui dit-il, *je suis fort mécontent.* L'athlète & tous les spectateurs restoient interdits; *Eh quoi ?* ajouta-t-il, *vous flatteriez-vous d'avoir rien fait qui fût digne de louange ? &, s'il étoit ainsi, pensez-vous que ces gens-ci vous applaudissent ?*

Ce défaut de jugement dont Hyppomaque taxoit la multitude d'alors, avec combien plus de justice ne peut-on pas l'appliquer à celle qui compose aujourd'hui nos spectacles? Spectacles, où ce n'est pas, comme chez les Grecs, l'assemblée entière qui prononce ; mais, si j'ose le dire, la lie & l'écume de cette assemblée. Qu'on me dise, s'il se peut, d'où vient au parterre le droit de juger une pièce? Par quelle absurde convention a-t-il usurpé ce privilège sur le parquet, les loges & l'amphithéâtre? De quels gens encore est composé ce parterre Trente ou quarante personnes exceptées, comment appellerons-nous le reste? C'est, sans doute, un coup d'œil bien affligeant pour l'homme de goût, pour l'amateur des arts, de voir une Mérope *, une Phèdre, une Métromanie, un Œdipe, entre les mains de pareils arbitres. Jusqu'à quand subsistera cet abus ? Poëtes aveugles, c'est le fruit de votre foiblesse ; c'est l'effet de cet amour de renommée, que

---

* Le petit nombre de bonnes pieces applaudies par la multitude, ne prouve certainement rien en faveur du parterre : c'est une pendule détraquée, à qui il peut arriver de sonner l'heure par rencontre.

nul de vous n'a bien entendu. Eh ! dites-moi ; (car l'argument de Socrate à Alcibiade se présente ici de lui-même) ce fripier, cet artisan, ce rustre, ce clerc, ce courtaut de boutique ; est-ce bien aucun de ces gens-là que vous choisissez pour juge ? Qu'on fasse venir le moins stupide d'entre eux : consentiriez-vous à lui lire votre ouvrage ? Prendriez-vous son avis sur les détails ou sur le plan ? Daigneriez-vous même le consulter sur le titre ?... Et c'est d'eux tous ensemble, c'est de cette horde, de cette cohue que vous faites dépendre votre réputation ! Et vous prenez leurs décisions ténébreuses pour les arrêts de la France ! Auteurs sifflés, vous méritez votre infamie : auteurs applaudis, la vôtre n'est guère moindre que la leur.

Il n'y a point de milieu. Il faut opter entre l'hommage des sots, qui, comme on sçait, abondent sur la terre ; ou l'approbation des gens sensés, qui forment dans le monde un parti beaucoup moins nombreux. Si donc il est impossible à la rigueur de concilier ces deux espèces de suffrages, je n'hésite point : mon choix est fait. Suive qui voudra les enseignes de cet étrange composé qu'on appelle public ; pour moi, je me range désormais sous l'étendard du petit nombre. Je renonce aux palmes du théâtre : je les abandonne à ces athlètes obscurs que couronne le vulgaire. J'ose dire plus ; j'abjure les lauriers de Briséis : les applaudissemens qu'elle a reçus du peuple me font rougir de son succès. Qu'on ne s'attende donc plus de la revoir sur la scène. C'est un adieu éternel que je dis à la multitude. *Odi profanum vulgus, & arceo.*

Je compoferai d'autres pièces. Mais fans emprunter le fecours du cothurne, fans rien attendre du preftige de l'acteur, j'oferai les foumettre à une épreuve irrécufable ; je veux dire, à l'analyfe de l'impreffion. Le petit nombre de connoiffeurs pour qui j'entreprendrai ces travaux fe plairont peut-être à retrouver dans mes ouvrages les traces précieufes de l'antique poëfie. Ils feront du moins quelque différence de mon ftyle, de mes plans, de mes caractères, à ces drames informes, & moins François que Hérulles, dont nos auteurs modernes font chaque jour avorter Melpomène. Je n'aurai point le fort de l'auteur d'Iphigénie en Tauride, & de quelques autres, qu'on joue, & qu'on ne lit point. Mais je troquerai volontiers ce fort bienheureux contre celui des pièces de Sophocle & d'Euripide, qu'on n'a pas jouées depuis deux mille ans, & que les fçavans ne laiffent pas d'admirer & de lire : contre celui d'Athalie, qu'on ne joue plus, ou du moins prefque plus, & qu'on relira toujours : enfin, contre celui d'Efther, tragédie que je ne me rappelle pas d'avoir jamais vu repréfenter, & dont la lecture a des charmes fi touchans.

Eh ! qui fçait ce qu'une telle réfolution peut produire ? Qui fçait, dis-je, fi elle n'ouvrira pas une nouvelle carrière à ceux qui fe fentiront la force de m'imiter ? Peut-être la crainte de déplaire aux fots affemblés, peut-être cette dure néceffité de fe rapprocher des idées du parterre a-t-elle vingt-fois étouffé chez Racine & chez Corneille un chef-d'œuvre prêt à naître. Délivré de ce vain fcrupule, le génie étendra fes limites. L'aigle perceroit-il la nue, s'il craignoit d'échapper à la vue bornée de l'infecte? Que dis-je? Si Racine revenoit au monde, penfez-vous qu'il permît que l'on jouât fes pièces fur un théâtre qui rétentit encore des heurlemens d'A.....? Voudroit-il partager un fuccès avec H...... ou Paros? Seroit-il d'humeur à fouffrir, fans fe plaindre, le tourment affreux inventé par Mezence, & qui confiftoit à unir dans un même tombeau

Le contraire au contraire, & le mort au vivant.

Achevons de démontrer au vulgaire l'inconféquence de fes jugemens : cherchons dans l'hiftoire une preuve fenfible de leur abfurdité. Le fameux Polyclète, à qui l'on reprochoit de ne pas affez flatter le goût de fon fiècle, promit enfin de fe corriger. Il fit en conféquence deux Mercures de marbre, d'un égal mérite, & parfaitement femblables. L'un des deux fut deftiné à eftre montré au public. Quant à l'autre, il le cacha foigneufement, & le couvrit d'un voîle épais. La multitude accouroit tous les jours pour voir la ftatue qu'expofoit Polyclète, & chacun difoit librement fon avis fur le nouveau dieu. L'artifte eut grand foin de recueillir ces différentes décifions ; & fe conformant à la pluralité des voix, il retouchoit chaque jour quelque partie de ce bloc bannal, jufqu'à ce qu'enfin il en eût fait un véritable grotefque. Le public commença donc à murmurer contre le ftatuaire, & même à tourner fes talens en dérifion. Ce grand artifte tirant alors le rideau dont l'autre fimulacre étoit couvert, l'expofa fans nuage à leurs regards. Le contraste produisit un prompt effet, & fut comme un coup de lumière pour les plus ignorans. Les moindres connoisseurs, guidés par la comparaison, prononcerent tout d'une voix : Que le premier Mercure étoit un monstre, & le second un chef-d'œuvre. » *O peuple !* (s'écria alors Polyclète) *ces deux morceaux de sculpture ont en effet des auteurs bien différens. Celui que vous méprisez, c'est votre ouvrage : celui que vous admirez, c'est le mien.*

Moliere tendit un jour un piège beaucoup plus humiliant au parterre François. Chacun sçait que le sonnet qu'on donne à juger au Mysantrope fut généralement applaudi. Mais, lorsque l'acteur vint ensuite à faire l'analyse de ce même sonnet, & à en démontrer l'impertinence, le public se trouva fort choqué qu'on eût osé le prendre pour dupe. Il ne trouva donc qu'un moyen de sauver sa honte ; ce fut de siffler la piece : c'est-à-dire, qu'il ne crut pouvoir couvrir sa faute que par une sottise.

Et c'est ainsi que le Mysantrope fut jugé ! & je prendrois le public pour juge !... Non, non. C'est au petit nombre que j'en appelle. C'est à lui que je consacrerai ces veilles pénibles, ce commerce mystérieux de la docte antiquité. Les grands hommes qui rendirent la Grèce si célèbre, ont laissé parmi nous des successeurs dignes d'eux. Il est encore en France un Sophocle, un Pindare, un Aristophane * & quelques autres

---

* Aristophane étoit un génie rare, un citoyen courageux, qui (de même que Moliere) foudroya

Littérateurs diſtingués. Il eſt encore à la cour de Louis XV des Tucca, des Varius & même des Mecenes; c'eſt pour eux que j'écris. Initié comme eux dans les ſecrets des arts, irois-je leur faire l'outrage d'y admettre le vulgaire? O gens de goût! verrai-je toujours prophaner la dignité des lettres? Quand imiterons-nous la prudence des Chinois? Leur ſage légiſlateur a compris qu'il falloit deux idiomes à cette nation; l'un pour le peuple, & l'autre pour les ſçavans. Ceux-ci ne s'entendent qu'entr'eux. Une barriere éternelle y ſépare l'érudition & l'ignorance. Il y a à Pékin, entre l'homme lettré & tout autre citoyen, la même diſtance que la nature voulut mettre ailleurs entre l'homme & la brute.

Deſpreaux s'inquiétoit peu de ſçavoir ſi Perrin admiroit ſes vers, pourvu qu'ils euſſent le ſuffrage du grand Condé, de Vivonne, de Marſillac, de la Rochefoucaut & de Montauzier. Je penſe volontiers comme Deſpreaux.

Que peut contre mes vers la critique & ſes armes,
Si Luxembourg conſent de leur trouver des charmes?
Que leur fait du parterre ou l'eſtime ou l'ennui,
Pourvu que des Choiſeuls ils méritent l'appui?
Que * Philippe, à ſa cour, permette qu'on les loue;

---

les vices & les ridicules de ſon ſiècle. Les ennemis de M. Paliſſot lui ont donné le nom de ce poëte: c'eſt la premiere fois que l'envie a rendu juſtice au mérite.

* M. le duc D'Orléans.

Que De Pons quelquefois s'en occupe ; & l'avoue ?
Que lus de Nivernois, chers à Lavauguïon,
Ils trouvent grace aux yeux du vainqueur de Mahon ?
** O toi, Nestor des rois, tairai-je ton suffrage ?
Et vous, sexe enchanteur, à qui tout rend hommage,
Idoles de la France, ornement de la cour,
Montmorency, D'Egmont, Brione, Pompadour,
Vous Gramont, vous Choiseul, vous aussi La Valliere,
Puissent mes chants heureux trouver l'art de vous plaire !
Puisse, ainsi que Clermont, Boufflers leur applaudir !
Auprès de Villeroy puissent-ils réussir !
Eh ! plût au sort cruel que ranimant sa cendre,
Robecq, comme autrefois, pût encor les entendre !
Mais, pour ce vil amas d'inquiets spectateurs,
De censeurs ténébreux, de sots admirateurs,
Que, vouant aux Pradons leurs yeux & leurs oreilles,
Ils aillent d'H.... encenser les merveilles.

On s'ennuyie quelquefois d'avoir raison. Je me lasse enfin de terrasser l'ineptie. Toute guerre cesse : l'indignation a fait place au dédain.

** Le roi Stanislas.

VERS

De M. LeBrun, Secrétaire des Commandemens de S. A. S. Monseigneur le Prince De Conti,

A l'auteur d'*AJAX*.

Penthesilé'e en allarmes,
Un jour doit coûter des larmes
A tes rivaux attendris :
Laisse reposer ta lyre ;
Ou, dans un heureux délire,
Chante les jeux & les ris.

Quand la nuit, tendant ses voiles,
D'un bandeau semé d'étoiles
Couvrira le front des cieux,
Quitte le champêtre azyle,
Ramène au sein de la ville
Ce Goût cher à nos ayeux.

Si l'affront fait à la Scène,
Ne t'a point donné de haine
Pour les dons des chastes sœurs ;
Ma muse qui se réveille,
Peut encore à ton oreille
Offrir des tributs flatteurs.

RÉPONSE
à M. LeBrun.

Que m'importe le vulgaire,
Et la palme mensongère
Qu'il offre à ses favoris?
Devant ton regard sévère,
Si mes travaux ont sçu plaire,
Puis-je briguer d'autre prix?

De cette hydre renaissante,
De la cabale impuissante
Craindrai-je les jugemens;
Quand le talent le plus rare,
Quand l'émule de Pindare
Ose applaudir à mes chants?

Je vole à toi, cher Alcipe!
Et si la docte Aganippe
Cessoit de couler pour moi,
Je dois peu m'en mettre en peine
Sûr que l'onde d'Hippocrène
Ne tarit jamais chez toi *.

* Ce tribut mutuel d'estime n'offensera que ceux qui n'en doivent prétendre aucune. Eh! par qui les talens seroient-ils loués, si ce n'est par les talens mêmes? La fausse délicatesse de notre siècle à cet égard, est un des préjugés les plus nuisibles au progrès du goût. Virgile louoit Pollion, par qui ses talens étoient connus dans Rome. Horace chantoit Virgile, dont les suffrages l'avoient mis en faveur. Boileau admiroit Racine, qui eut toujours pour lui une déférence mêlée d'une espèce de culte. Corneille, plus hardi, se vanta lui-même, & osa dire: *Je ne dois qu'à moi seul toute ma renommée.* L'avouerai-je? Je vois Corneille plus grand dans ce vers que dans tous les éloges de ses admirateurs. Quoi qu'en puissent penser nos petits esprits, il doit être quelquefois permis à Hercule de sentir sa force.

FIN.

www.ingramcontent.com/pod-product-compliance
Lightning Source LLC
Chambersburg PA
CBHW070538050426
42451CB00013B/3076